Date: 1/18/22

SP BR 636.39 HAR
Harris, Bizzy,
Cabras en la granja /

Animales de la granja

Cabras en la granja

por Bizzy Harris

Bullfrog en español

Ideas para padres y maestros

Bullfrog Books permite a los niños practicar la lectura de textos informativos desde el nivel principiante. Las repeticiones, palabras conocidas y descripciones en las imágenes ayudan a los lectores principiantes.

Antes de leer
- Hablen acerca de las fotografías. ¿Qué representan para ellos?
- Consulten juntos el glosario de las fotografías. Lean las palabras y hablen de ellas.

Durante la lectura
- Hojeen el libro y observen las fotografías. Deje que el niño haga preguntas. Muestre las descripciones en las imágenes.
- Léale el libro al niño o deje que él o ella lo lea independientemente.

Después de leer
- Anime al niño para que piense más. Pregúntele: ¿Qué sabías sobre las cabras antes de leer este libro? ¿Qué más te gustaría aprender sobre ellas?

Bullfrog Books are published by Jump!
5357 Penn Avenue South
Minneapolis, MN 55419
www.jumplibrary.com

Copyright © 2021 Jump! International copyright reserved in all countries. No part of this book may be reproduced in any form without written permission from the publisher.

Library of Congress Cataloging-in-Publication Data

Names: Harris, Bizzy, author.
Title: Cabras en la granja / por Bizzy Harris.
Other titles: Goats on the farm. Spanish
Description: Minneapolis: Jump!, Inc., 2021.
Series: Animales de la granja | Includes index.
Audience: Ages 5–8 | Audience: Grades K–1
Identifiers: LCCN 2020040554 (print)
LCCN 2020040555 (ebook)
ISBN 9781645278788 (hardcover)
ISBN 9781645278795 (ebook)
Subjects: LCSH: Goats—Juvenile literature.
Livestock—Juvenile literature.
Classification: LCC SF383.35 .H3718 2021 (print)
LCC SF383.35 (ebook) | DDC 636.3/9—dc23

Editor: Eliza Leahy
Designer: Molly Ballanger
Translator: Annette Granat

Photo Credits: Eric Isselee/Shutterstock, cover (left), 3; a_v_d/Shutterstock, cover (right); Image Source/iStock, 1; Four Oaks/Shutterstock, 4, 23tl; ahavelaar/iStock, 5; Miloszg/Dreamstime, 6–7; Jolanta Beinarovica/Shutterstock, 8–9; DonnaA Country Photos/Shutterstock, 10–11; schubbel/Shutterstock, 12; OryPhotography/Shutterstock, 13; Debra Anderson/Shutterstock, 14–15; khuntong/Shutterstock, 16, 23br; xpixel/Shutterstock, 17, 23tr; Bilevich Olga/Shutterstock, 18; Kdonmuang/Shutterstock, 18–19, 23bl; Caroline Klapper/Dreamstime, 20–21; Rosa Jay/Shutterstock, 22; oksana2010/Shutterstock, 24.

Printed in the United States of America at Corporate Graphics in North Mankato, Minnesota.

Tabla de contenido

Las cabras balan 4
Las partes de un macho cabrío 22
Glosario de fotografías 23
Índice 24
Para aprender más 24

Las cabras balan

¡Beee!
Una cabra bala.

4

Es de mañana en la granja.

Las cabras buscan comida.

A las cabras machos se les llama machos cabríos.

Ellos tienen cuernos.

También tienen barbas.

Esta es una cabra hembra.

¡Las cabras hembras también pueden tener barbas y cuernos!

Sus barbas y cuernos son más pequeños que los de los machos cabríos.

Esta cabra hembra tuvo bebés.

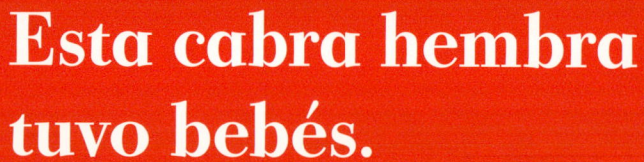

Los llamamos cabritos.

¡Qué lindos!

¡A los cabritos les gusta jugar! Ellos escalan.

Saltan. ¡Guau!

¡Estos cabritos se chocan las cabezas!

Las cabras comen mucho.

Ellas pastan en la hierba.

También comen heno.
¡Mmm!

heno

El granjero ordeña la cabra hembra.

¿Ves su ubre?

La leche va en un cubo.

ubre

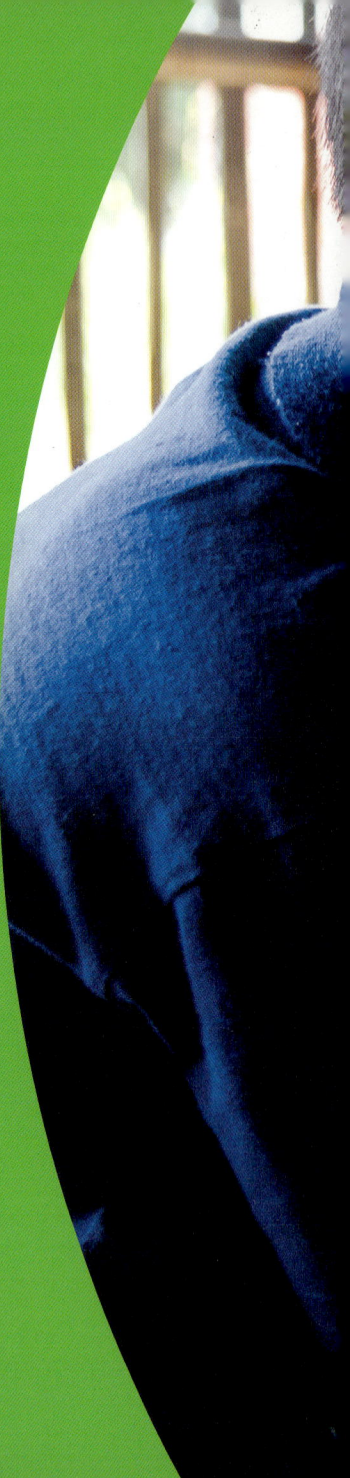

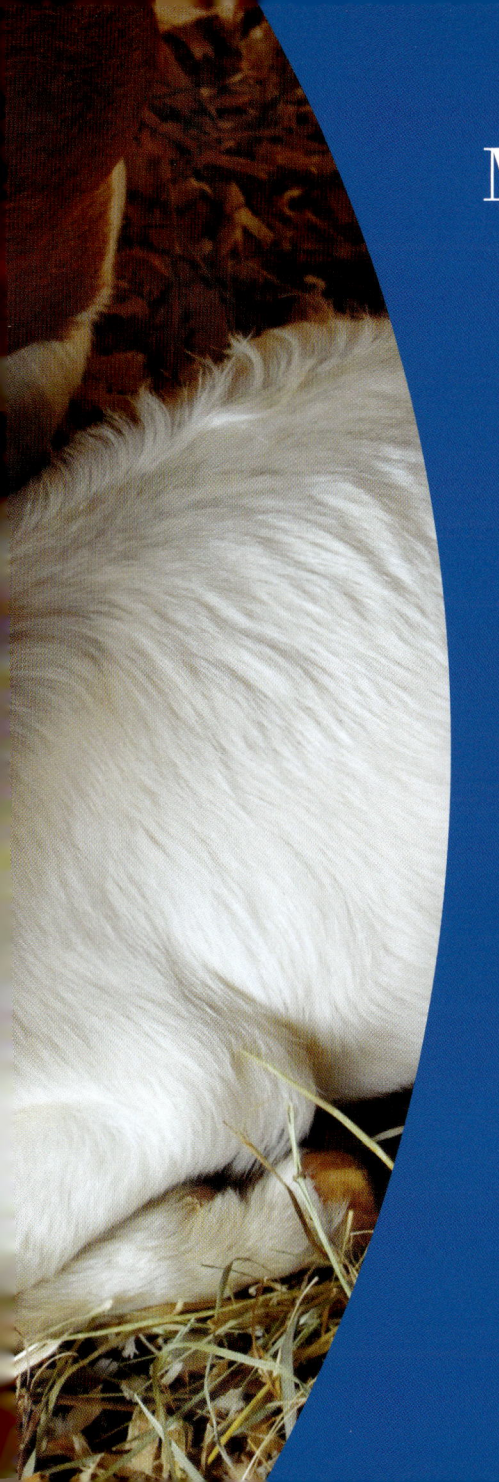

Mamá está de regreso.

Los cabritos están cansados.

¡Dulces sueños!

Las partes de un macho cabrío

¡Échales un vistazo a las partes de un macho cabrío!

Glosario de fotografías

bala
Hace el sonido de una oveja o una cabra.

heno
La larga hierba que se seca y utiliza como comida para los animales.

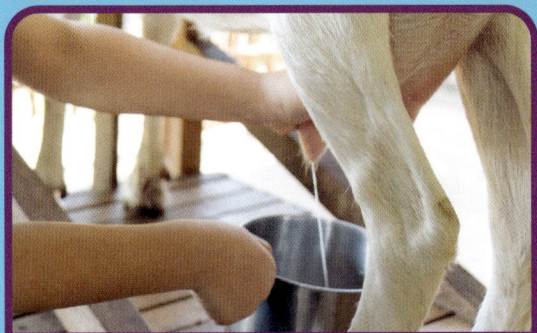

ordeña
Agarra la leche de una vaca o de otro animal.

pastan
Se alimentan de la hierba que crece en un campo.

Índice

bala 4
barbas 6, 9
cabra hembra 9, 10, 18
cabritos 10, 12, 14, 21
comen 16, 17
cuernos 6, 9

escalan 12
granjero 18
heno 17
machos cabríos 6, 9
ordeña 18
ubre 18

Para aprender más

Aprender más es tan fácil como contar de 1 a 3.

❶ Visita www.factsurfer.com

❷ Escribe "cabrasenlagranja" en la caja de búsqueda.

❸ Elige tu libro para ver una lista de sitios web.